成长的要素

爱学习　会学习

[美] 帕米拉·埃斯普兰德　　[美] 伊丽莎白·弗迪克　著

汪小英　译

河北出版传媒集团　　河北少年儿童出版社

前　言

要是有一些方法，教人怎样过上幸福生活，你想不想试一试？

现在你可能已经跃跃欲试了吧？那么这个系列就是为你而准备的。这套书一共八本，名字叫作《成长的要素》。

成长的要素到底指的是什么？

成长要素是你在成长中需要的、对自己的生活有用的东西。这些要素并不是汽车、房子、珠宝等用金钱来衡量的东西。我们说的这些要素，能让你做到最好，成为更好的自己。这些要素既可以是外界的因素，也可以是内在的因素，既可以是其乐融融的家庭环境、治安稳定的住所，也可以是你正直诚实的品格、对学业的信心和计划。

　　这类要素一共有三十九种。这本书讲的是其中五种，我们把这五种要素统称为学习承诺要素。学习承诺，是指你对自己或他人做出学习上的保证。这种学习态度要求你无论是在学

学习承诺要素

名称	解释
成就动机	希望在学校里取得好成绩，并为此努力学习。
学习投入	不论在校内还是校外，你都乐于了解新的事物，主动学习。
完成作业	能按时、独立完成作业。
关心学校	关心学校的老师和其他成年人，和他们关系密切。
喜欢阅读	喜欢看书，几乎每天都看，并从中获得乐趣。

校里还是在课外，都要严肃认真。在学校，你保证好好表现、努力掌握新知识、尊敬老师；在家里，你保证完成作业、热爱阅读。你可以对父母或家里其他大人做出学习承诺，但是最重要的是你要对自己承诺。

这套书其余的七本，讲了另外三十四种要素。三十四种要素不算少，你不用一下子就都了解，也不必按固定的顺序来掌握。不过，越早掌握，你的收获就越大。

这些要素为什么很重要？

美国有一家叫作"探索研究院"的机构对几十万美国青少年进

行了深入的跟踪调查。研究者发现：有些孩子成长得非常顺利，有些则不然；有些孩子成了"坏男孩""问题少女"，有些却没有。

是什么原因让他们如此不同呢？原来，是这些成长要素！具备这些要素的孩子就可能成功，不具备这些要素的孩子往往很难获得成功。

你也许会觉得：我还是个孩子，非要学会这些要素不可吗？孩子也有选择的权利。你可以选择被动地让别人来帮你，也可以选择主动地采取行动，或者寻找关心你、愿意帮助你的人，帮助你获得这些要素。

这本书里有很多地方需要你与他人配合。这些人除了爸爸妈妈、兄弟姐妹、爷爷奶奶等与你亲近的人，还包括与你同龄的同学、朋友和邻居，除此之外还有老师和辅导员等成年人。

他们都会乐于帮助你，和你一起努力，争取让你早日获得这些要素。

很可能已经有人在帮助你了，比如，你拿到的这本书就是他们给的吧？

如何阅读本书

选择一种要素开始读，从某个章节开始的故事读起，一直看到结尾，这些故事解释了日常生活里的成长要素是什么。随便选一种要素，试着做一做，看看效果如何。读完一章，再选一章接着往下读。

你不必要求完美，做得和书中一丝不差。你要明白，你是在迎接

新的挑战，在做一件了不起的事情！

你获得的要素越多，你对自己就越感到满意，越感到有信心。眼看你就不再是个孩子，要进入青少年阶段了。学会了这些要素，你感到很有把握，不气馁，你会做出更好的选择。你已经航行在一片充满挑战的大海上。

翻开这本书，你已经踏上探索学习这些要素的路，我们祝你一路顺风！

帕米拉·埃斯普兰德

伊丽莎白·弗迪克

目 录

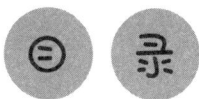

成就动机

希望在学校里取得好成绩，并为此努力学习。

作文课上（上）

"米切尔，看这个。"泰勒一边小声说着，一边拿出他刚收集的足球明星卡片，在桌子下面摆开，以防被老师发现。

米切尔只是瞄了一眼，说："嗯……不错。"此时，金斯顿老师正在讲一位考古学家发现了"苏"——迄今为止最大的霸王龙化石，因此米切尔不想漏掉老师的每一句话。

泰勒还没完："看这位，你相信吗？他的

进球率是……"

金斯顿老师说："泰勒！你这是第二次在这节课上说话了。"

泰勒咕哝了句："对不起"，就低下头去。米切尔为泰勒惋惜，不过，金斯顿老师批评了泰勒，他也挺高兴。米切尔想："至少他现在可以安静一会儿了。"然而他又觉得自己这样想有些过分。毕竟，泰勒是他的好朋友。

金斯顿老师让大家发挥想象，写一写考古发掘的情景。金斯顿老师说："想象你是一个考古学家，描写一下你在沙石中会有什么发现。给你发现的恐龙命名，并写出它吃什么，多写细节。写满一页纸之后，再配上一张根据你描写画出来的恐龙画像。"

米切尔拿出铅笔和画笔，在纸的上方写下

题目："可怕的霸王龙"。然后，他写道："我是著名的考古学家米切尔，正在烈日下的蒙大拿山中挖掘。我的考古工具，像牙医的器械那样精巧。今天，我收获了霸王龙的……"

米切尔的作文写得很快，这样他就能早点儿开始画画。文章写完了，他拿出绿色的颜料准备画恐龙头。这时，他发现泰勒什么也没有写，还在拨弄他的卡片。

金斯顿老师也发现了。她走过去，对泰勒发话了："我现在要把这些没收了。你完成了作业，才能把它们拿回去。"

"但是——"

"你必须要写出来一页，泰勒。不能找任何借口。请赶快坐下写。"

泰勒猛地坐下，叉着胳膊，愤愤不平地对米切尔说："我才不会做这么无聊的作业！"

泰勒缺乏成就动机这一要素，但米切尔有。

现在，回想一下你自己的日常生活。你想好好学习吗？你会尽最大的努力吗？即使遇到很高深的知识，你也会一直坚持学习吗？或者你对学习上的事儿非常在意？

如果回答是肯定的，那么你具备成就动机这一要素。请你继续读下去，学习如何巩固这种要素，把它发扬光大。

如果回答是否定的，也请你继续读下去，学习如何获得这种能力。

你也可以用这些方法来帮助他人获得这种能力，比如你的家人、朋友、邻居和学校里的同学。

你知道吗？>>>

拥有成就动机的孩子

· 学习成绩好

· 与学校的联系更紧密

· 对自己的前途期望更高

◀ 如何获得这种要素 ▶

在家里

聊聊学校里的事

大人们每天都很忙碌，你的父母也不例外，但在一天中的某些时候，你依然有时间可以跟他们好好聊天，比如吃晚饭的时候、坐车的时候、睡觉前。

为什么是这些时候？因为吃饭的时候全家

人都会坐在一起；坐车时，你们挨得很近，可以好好聊天；睡觉前你们可以回顾过去的一天，并谈谈明天的计划。在这些时候，可以给爸爸妈妈讲讲你在学校学到的东西，比如"数学课教了分数"，"老师正在给我们读《海底两万里》，这本书实在太有趣了"。让他们知道你哪些方面做得不错，哪些方面还要努力。

小提示：

如果爸爸妈妈很关注你的学习情况，那你一定要多和他们交流，把学校发的成绩单、你画的画、小测验的试卷给他们看。如果他们不是那么感兴趣，可以找邻居、老师或其他平时关注你学习的人聊一聊。

分享学到的知识

你可以把你学到的知识教给弟弟妹妹。例如，给他们讲几道数学题，教他们认几个生字，帮助他们提高画画的技巧或演示一下你最擅长的体育动作。这样做既能让你复习过去所学的知识，同时也能小小地炫耀一下自己的学识。

提出问题，找出答案

在你这个年纪，你会有强烈的好奇心，心中总是充满了疑问。恐龙是怎么灭绝的？宇宙到底有多大？人为什么不能像鸟一样飞？引力究竟是怎么回事？有些词语这么奇怪，是什么意思？现在你应当自己找出答案。你可以从书中查找答案，也可以上网查找资料。如果你需要帮忙，可以去问问父母或家里的其他大人。

满足好奇心的四种阅读方式

想知道答案吗？当你需要帮助时，可以去图书馆向图书管理员寻求帮助，他们大都喜欢有好奇心的孩子，愿意帮助他们解答疑问。另外，你还可以通过下面四种方式满足你的好奇心。

1. 阅读百科全书。有专门为孩子编写的百科全书，例如《儿童百科全书》。你可以根据你的阅读能力，选择《儿童百科全书》或《大英百科全书》。另外还有一些电子版的百科全书，你可以在网上搜索、阅读。

2. 阅读年鉴。《世界儿童年鉴》每年都会更新，帮助孩子们了解语言、数学、科技、艺术、社会、生活、历史等领域的知识。《吉尼斯世界纪录大全》也很有趣，在这本书里，你可以了解世界万物的极限，什么最高，什么最矮，什么最大，什么最小，什么最快，什么最慢，你都能够在书中找到答案。

3. 阅读《十万个为什么》。有些书是针对特定主题的，例如地理、太空或历史。如果你感兴趣，可以让图书管理员给你找几本问答形式的书。

4. 上网搜索。访问适合儿童的网站，输入你想要了解的问题，然后搜索答案。

"知识就是力量。"假如你知道如何搜寻问题的答案，你会觉得自己很有力量。

向 前 看

　　如果你正在上小学，不久后就会升初中。如果你已经上初中了，那么不久就要考高中。你有没有想过，几年之后，到了一所新学校，会是怎样的呢？你有没有想过自己将来要上什么样的大学或者从事什么类型的工作？你有没有想过报名参军？虽然这些问题离你还很远，但一想到未来，你仍然会感到兴奋，充满期待。但你不能坐在那儿空想，还要想想怎样才能离梦想更近一步。例如：跟哥哥姐姐或年长的朋友聊聊，他们之中或许有人已经上完了初中、高中，问问他们，上中学有什么不

同的感受，需要做哪些准备？问问家里的大人，他们的职业生涯是如何规划的，为什么选了现在这一职业？去家人或其他成年人工作的地方参观，在日记中写下你参观学习之后的体会。

悄 悄 话

动机是一种"我想要"的感觉，这种感觉会驱使你努力完成某些事情。外部奖励可以激发你的动机，例如你奶奶答应你，只要你考得好，就送你一件礼物。但是最强烈的动机来自于你的内心，例如你非常渴望学会某个滑板动作，所以你能坚持练习，直到完全掌握。回忆一下你最有动机做一件事的时候，当时你感觉如何？你完成了吗？

建立良好的师生关系

无论在哪里，见到老师时都要笑着问好，下课、放学时要跟老师说再见，课间时，可以和他们谈谈你的想法，询问他们今天过得怎么样。你多关心老师，老师自然也会更加关心你，师生间的良好关系会让你学习起来更有动力。

寻求帮助

你是否会觉得上学没有任何收获？当你有这样的问题时，认真和老师谈一谈，告诉老师你一直在努力学习，但成绩却没有提升。你在学习中遇到了难以解决的问题，同样要告诉老师。比如：你在教室里有点儿坐不住？或者黑板上的字有些难认？或者听人说话费力？写作

业时觉得困难重重？有没有哪一科让你觉得特别难？把你的问题告诉老师，问问老师能否帮助你解决这些问题，或者能否在课前、课后或课间辅导你。你也可以让父母帮你请高年级的同学当家教。

在社区

和邻居聊一聊

有没有哪个邻居是值得你学习和尊敬的？和他们聊聊你的学校和你学习遇到的问题。问问他们在上学时最喜欢哪个科目？他们的学习成绩如何？激发他们学习的动机是什么？

树立好榜样

你可以以身作则，为社区的孩子们树立一

个好榜样。不要说上学很无聊、读书没用这样的话。如果你听到他们这么说，也要告诉他们在学校努力学习有多么重要。如果你发现低年级的孩子总是学不进去，你应该去帮助他们。听他们朗读课文，帮他们练习写字或算术，给他们看看你完成的很好的作业，这也许能够激发他们的学习热情。

和朋友在一起

告诉朋友你喜欢上学

你有没有不喜欢上学的朋友呢？他们的消极想法是否影响到你，让你觉得好好学习是件困难的事情？你要告诉他们，你喜欢上学，一直以来你都在努力学习。也许你可以成为他们的榜样，让他们认真学习，享受上学的乐趣。你和你的朋友并不需要门门功课都优秀，但你们在学校学习的时间转瞬即逝，因此一定好好珍惜现在的学习机会。

选择一种方法，试一试，记录下过程和结果。你是否愿意再试试其他方法，让学习变得更有乐趣呢？

作文课上（下）

米切尔说："泰勒，赶快提笔写吧。你不想把足球明星卡要回来吗？"

泰勒无奈地耸耸肩膀，说："无所谓，我才不在乎呢！我不会写作文，我上学就是来打发时间的。"

"不，不是这样的。今天讲的恐龙多有意思啊！哦，对了，我从图书馆借了一本恐龙图鉴，我拿给你看。"

米切尔把书放在泰勒的桌上，说："看看吧。"泰勒翻了个白眼，嘟囔着说："看就看，无所谓。"他把书翻开了。

米切尔回到座位，继续画他的霸王龙，开始给它的大尖牙上色。

泰勒突然惊叫了一声。他目不转睛地盯着一幅甲龙的图片，这种恐龙背部有很多刺，尾巴很长，上面有很多硬甲。

米切尔说："甲龙可以狂甩自己的尾巴，横扫敌人。"

泰勒笑着说："甲龙的尾巴就像一个棒球棒。"

"是啊，你可以写这只恐龙。"

泰勒拿出铅笔和几张纸，开始写起来。不一会儿，米切尔听到泰勒不屑地笑了一声。

米切尔问："又怎么了？"

"书上说甲龙是吃素的。它的肠道很长，可以消化很硬的植物。所以，它会放很多屁！"

他们俩都笑了。泰勒说："米切尔，谢谢你的书。你说得对，恐龙真的很有趣。"

就在这时，金斯顿老师过来检查他们的作文。她说："米切尔，你画的霸王龙太好看了。泰勒，瞧，你写了快两页，我觉得你很棒！"

泰勒几乎不敢相信，笑着问："真的吗？谢谢！"

金斯顿老师把足球明星卡还给他，说："我就知道你能做到！"

学习投入

不论在校内还是校外，你都乐于了解新的事物，主动学习。

温迪的洞穴探险（上）

吃完早饭，温蒂拿出新一期的儿童版《国家地理》杂志，随手翻看里面精美的照片。她读到一篇讲洞穴的文章，立即浮想联翩："穿过一个真正的洞穴是什么感觉呢？我需要拿上一个明亮的手电筒，还得戴上安全帽。说不定洞穴和我的衣柜里面一样黑，不，一定比在衣柜里更黑，太吓人了！"

她跳下座位，跑回自己的房间，钻进衣柜，

关上柜门。她想象着水滴从洞穴的顶部和墙上滴下的声音。她匍匐前进，想象着蝙蝠擦着她的头顶飞过。

这时她听到妈妈喊道："温迪！校车还有十分钟就到了。你在哪儿呢？"

"妈妈，我在这儿！我正在洞穴里探险。"

妈妈走进房间里，问她："你刚才说正在干什么？"

温迪打开柜门，从里边出来，说："洞穴探险。我正在研究一个洞穴。"

"很好啊，但你能不能放学以后再继续探索呢？我不想让你误了校车。"

温迪叹了口气，说："妈妈，你真扫兴。"

"真抱歉。这样吧，放学后，我陪你一起进行洞穴探险吧。如果你愿意，我们还可以去

图书馆借一些有关洞穴探险的书。"

"我当然愿意。"温迪高兴地抱住了妈妈。

温迪拥有学习投入这个要素。

现在，想想你自己的日常生活。你喜欢学习新东西吗？你在学校能够专心学习吗？在课上发言积极吗？你有自己的业余爱好吗？你有

学到新知识吗?

如果回答是肯定的,那么你具备学习投入这一要素。请你继续读下去,学习如何巩固这种要素,把它发扬光大。

如果回答是否定的,也请你继续读下去,学习如何获得这种能力。

你也可以用这些方法来帮助他人获得这种能力,比如你的家人、朋友、邻居和学校里的同学。

你知道吗? >>>

拥有学习投入要素的孩子

· 更快掌握新知识

· 成绩比较好

· 出勤率较高

◀如何获得这种要素▶

培养爱好

　　你的爱好不只为了好玩，也应该可以让你学习到更多知识。例如：如果你喜欢足球明星卡，那你一定对球员的信息熟记不忘；如果你会某种乐器，那你一定也学会了识五线谱，有很多人还不会这个；如果你爱画画，那你正

在培养创造性思维，这对你在学校里的其他学习帮助很大。要是你目前没有任何爱好，也没参加任何课外活动怎么办？那就去尝试培养吧——拼图、集邮、收集石头或贝壳、弹琴、读书、写诗、创作故事，什么都可以。

充满好奇心

有好奇心的人会问很多问题。他们总是在问"为什么？""怎样才能做到？"他们总是在学习新的事物。谁是最富有好奇心的人？本杰明·富兰克林、怀特兄弟、爱迪生、居里夫人、爱因斯坦、比尔·盖茨……有好奇心的人太多了。你可以去图书馆或上网找到他们的传记，读读这些人的故事，你也会因此受到启发。

注意饮食

　　健康的饮食有助于你更好集中注意力。你应该自己决定吃什么，而不用大人们帮你安排好一切。也许你每天都在学校吃一份高热量的午餐，或者自己搭配午餐饭盒；也许你自己也会做早餐和小点心。为了你的健康，我们建议你每天至少吃五种水果和蔬菜。不要嫌多，平时你可以把香蕉、小番茄、黄瓜等当作零食，很容易就够吃够五种了。你要少吃垃圾食品（巧克力、薯条、碳酸饮料、油炸食品），因为这些食物含有很高的脂肪、糖和盐。可以偶尔解解馋，但常吃会影响你的健康。

做 运 动

如果你天天坐着、躺着，很少运动，身体松松垮垮，你的大脑也会浑浑噩噩，不能集中注意力。现在的孩子大部分时间都在看电视、玩电脑游戏，缺少运动，导致体重超标。你要注意这些问题。在放学后出去玩会儿，周末尽量待在户外。天气不好没法出去时，可以做一些室内运动。可以在楼道跳舞、做跳跃运动或做俯卧撑、跳跳绳，或做任何可以让你动起来的事情（要有足够的空间，不要碰到家具）。运动可以强健体魄，活跃头脑，有助于你的学习。

保证睡眠时间

你知道吗？充足的睡眠会让你在学习时更

专注，身体长得更快。这话可不是在逗你玩。哪怕是在睡觉的时候，你也在长个儿！像你这么大的孩子每天睡觉的时间应该不少于八小时。等你再长大一点儿，上床睡觉的时间可能会推迟。如果你白天累坏了，那就早点儿上床休息。只有得到充分的休息，你才会有充沛的精力，在上课、做运动时都不容易感到疲劳。

呼呼呼……

睡眠不足的八种表现

1. 总是打哈欠。

2. 在家和上学时，跟不上别人说话的语速。

3. 忘记课上学的内容。

4. 总是觉得很累。

5. 经常沮丧或低落。

6. 没有精力运动、游戏或做家务。

7. 判断力下降。

8. 一到家就想直奔床上睡觉。

提高睡眠质量的八个方法

1. 日常作息要有规律，晚上到点睡觉，早上按时起床。

2. 每天睡前有固定的安排。帮助放松身体，洗个热水澡，听些舒缓的音乐，看一会儿书（不要看恐怖小说和悬疑小说，这类书会让你兴奋过度导致失眠）。

3. 睡前不要喝可乐、咖啡、浓茶等提神饮料。

4. 睡前一小时不要看电视或玩电子游戏。

5. 每天做运动。但睡前三小时不要剧烈运动，可以做一些舒缓的运动。

6. 睡前可以吃些水果和点心，但不要吃太多。

7. 晚上的卧室要整洁、舒适，光线调暗。如果你住的地方很吵，或者和你住在一起的兄弟姐妹打呼噜，可以使用耳塞阻挡噪音。如果光线很亮，可以戴上眼罩睡觉。

8. 上床以后，试着想一些让你感到平静的事情。不要想明天的生字测验或运动会之类的事情，这会让你紧张，产生焦虑感，甚至导致失眠。

在学校

试着喜欢上学

你将要在学校度过十几年的时光，要是再算上四年大学、两三年的研究生，你可能会在校园度过非常漫长的时光。这段时间对你来说可能无比漫长，也可能只是转瞬即逝。这完全取决于你个人。哪怕你觉得哪一个科目超级无聊，也要努力从中找出你喜欢的一面，让自己喜欢学校，热爱学习。

保持清醒

你要确保晚上有足够的睡眠，上课时才不会犯困。可以的话，尽量往前坐，不要坐在后排。离老师越近，你越能集中精力。在课堂上要积极举手发言，如果有不明白的地方要及时提问。发言能让你避免犯困。

小提示：

如果你上课时不敢举手发言，那么鼓起勇气尝试一次吧。发言没有你想象中那么可怕，也许经过了第一次，你就不再害怕上课发言了。

做好准备

跟上进度，按时交作业。如果落下了，要及时告诉老师，请求帮助。如果你能保证自己做到以上两点，你将会感受到学习的乐趣。

在社区

善于发现学习的机会

不一定在学校里你才能学习，你学习的内容也不应该拘泥在课本上。找找你们社区有哪些学习的机会，比如图书馆放的电影，公园、社区中心或博物馆开设的课程。让父母帮你找个新的环境供你学习。或许，你的邻居就能教你编织、烹饪或者给鸟做个鸟巢。

和朋友在一起

一起参与

和朋友们讨论一下，想一想你们对什么最感兴趣，可以请家长或其他大人帮助你们。你们想学点什么？你们可以找人教你们做蛋糕、骑自行车、种花、弹钢琴或学一门外语。如果

你听说社区中心开设了一门有趣的儿童课程，那就邀请朋友一起报名参加试试吧。

互相激励

和朋友聊聊你平时学到了什么，从中获得了什么乐趣。跟朋友聊聊你们最喜欢的学科以及为什么这么喜欢它。聊聊你们喜欢的老师，他的课为什么那么有趣。和朋友分享学到的知识，鼓励对方努力学习。

选择前面讲过的一种方法，试一试，记录下过程和结果。为了巩固这种要素，你是否愿意再试试其他方法，让自己更加努力学习呢？

温迪的洞穴探险（下）

温迪在学校学习的是常规课程——数学、语文和科学。她喜欢所有的科目，但她对科学课更感兴趣。

科学课上，陈老师布置了课堂作业。作业完成后，陈老师就让同学们"自主学习"，有时还准许他们使用图书馆的电脑。

温迪把写完的作业交给陈老师检查。陈老师说："做得很好！只有一个错误需要改正。改完你就可以自己学习了。"

温迪说："我现在对洞穴和生活在洞穴中的生物很感兴趣。"

陈老师说："我也喜欢神秘的洞穴！"

"嗯，我想了解一些关于蝙蝠的知识。"温迪接着说。

陈老师问："你读过《蝙蝠孤儿》吗？"

"什么？"温迪一脸疑惑。

陈老师笑了，说："这本书讲的是一只小蝙蝠的故事，这只小蝙蝠在失去妈妈后通过自己的努力学会了如何生存。"

"哦，原来是这样。我还可以查找哪些资料呢？"

"你知道回声定位吗？有些蝙蝠用这种方法在黑暗中辨认方向。"

"您能帮我把这个词写下来吗？"

陈老师把这个词写在纸上，递给温迪。然后他告诉温迪可以去图书馆搜集资料。

"谢谢陈老师！"温迪开心地说。

温迪一边朝图书馆走，一边想："我也开始也对蝙蝠感兴趣，这一点我和他一样。"

想到自己和老师有着共同的爱好，温迪感到非常开心。

完成作业

能按时、独立完成作业。

做作业的"妙招"（上）

肯尼和妮娜客厅里在玩大富翁游戏。

肯尼一边吃着葡萄干一边说："这块地我买下了！"

"别一边吃东西一边说话。"妮娜指责她的双胞胎弟弟。

"你怎么跟妈妈一样。"肯尼说完后张大嘴巴，故意让妮娜感到恶心。

"肯尼，别这样！"

肯尼笑着说："彼此彼此！"。

两个人继续玩游戏，并在游戏中不断盖房子收租。这个游戏实在太好玩了，他们根本不想停下来。爸爸来到客厅，看到他们玩了一个小时了还没有停，于是说道："好了，孩子们，别玩游戏了，抓紧时间写作业吧。"

"好吧。"他们有些失望，但还是回到各自的房间里。他们知道爸爸和妈妈希望看到他们没有任何怨言地完成作业。

上楼时，肯尼对妮娜说："如果我们早点儿完成家庭作业，就能在晚饭前再玩一会儿大富翁游戏。"

妮娜回答道："好啊，但你能等我做完作业吗？"

"我答应你，但你要快点儿。"

肯尼把作业摊到书桌上。他没写数学作业，因为他觉得数学非常难。他决定先完成英语填空。过了一会儿，他对趴在桌子上的小猫笨笨宣布："完成！"然后把作业扔在了床头柜上。

而这时，妮娜正坐在书桌前愣神，她已经写完了数学作业，但不知道接下来做什么。因为她一时疏忽，把英语作业本忘在学校了。

这时，她听到肯尼在敲门。肯尼问："妮娜，能把你的数学作业借我抄一下吗？"

"可以，但是有个条件——你明天一到学校就让我抄你的英语作业，这样我就能按时交作业了。"

肯尼说："好啊。我们快点儿去接着玩游戏吧。"

肯尼和妮娜认为自己有完成作业这个要素，但是其实他们做得并不够好。

现在想想你自己，你通常能够做完作业并且按时上交吗？

如果回答是肯定的，那么你具备完成作业这一要素。请你继续读下去，学习如何巩固这种要素，把它发扬光大。

如果回答是否定的，也请你继续读下去，学

习如何获得这种能力。

你也可以用这些方法来帮助他

人获得这种能力，比如你的家人、朋友、邻居和学校里的同学。

◀如何获得这种要素▶

在家里

克服对作业的抱怨

喜欢写作业的孩子请举手！你果然没有举手。比起和朋友家人在一起、出去玩、上网、看电影、休息或从事自己的业余爱好，写作业也许是天底下最无聊的事情了。作为学生，你

不得不写作业，不然你上课可能会跟不上，被老师点名批评。既然迟早要写，不如想办法把作业写完、写好。所以下面就要教你一些完成作业的方法。

让大脑进入状态

你学习了一整天，回到家后想看一会儿电视或玩一会儿电脑，借此放松一下。但时间要控制在半个小时之内，因为在屏幕前面待太长时间会麻痹大脑。动动手可以让大脑保持清醒。画画、编织、种植、串珠子、泥塑，哪样都可以。看看书，或给亲戚朋友写一封信。呼吸一下新鲜空气，做点儿室内运动。休息一下没问题，但你是在为写作业做好准备，休息是为了更好进入学习状态！

养成良好的写作业习惯

你是否躺在床上一边听着动感十足的音乐，一边看着电视，一边写作业？你是否会中途停下来玩一会儿电脑游戏，然后彻底忘了写数学作业？你有没有一边吃着垃圾食品一边做作业？你该改掉这些不良的写作业的习惯！记住：写作业时要坐好，不要躺着，这样你才不会犯困，头脑才会清醒、思路才会清晰。写作业前先吃点儿水果、胡萝卜、黑巧克力、葡萄

干或腰果；关掉音乐、电视、电脑（完成作业后可以把这些当成奖励让自己放松一下）。下面四个步骤可以让你更快、更好地完成作业。

营造独立的空间（第一步）

每个孩子都需要一个不受打扰的环境写作业，最好有明亮的光线、一张写字桌和一把舒适的椅子。为什么呢？因为这样你就可以坐直、

把作业展开，看清楚上面的字。如果你的房间正好有一张写字台，检查一下桌面，是干净整洁的，还是乱糟糟的？纸、笔、计算器等学习用具伸手就可以拿到，还是想要使用时怎么也找不到？桌面整洁有条理有助于你在学习时更有效率。当你拥有独立的学习空间，需要的东西随手就能拿到，这会让你节省找东西的时间，学习时能够更专注。

小提示：

如果没有写字台，让父母给你买一张，如果条件有限，可以选择便宜的二手家具。或者你可以在饭桌上摆个台灯，为自己打造一个学习空间。

共用写字台时该怎么办？

也许你和兄弟姐妹共用一个写字台。如果你俩一个很勤快，另一个很懒散，怎么办呢？有人用完了订书钉却从不往订书器里放新的，或者他弄脏了电脑键盘却从不清理。遇到这种情况怎么办？

开个家庭会议，制定出一些公平的方案。你们可以制订一个写作业的时间表，这样你们就知道什么时候轮到谁用写字桌了，用桌子的人应该用完后及时清理好。另外，不论你是否和别人共用写字台，作业时间表都非常有用。具体做法，可参见"做计划（第三步）"。

有条理（第二步）

当你整理好写字台后，就要开始进行下一

步了：让自己生活有条理。先看一下你的书包里都有什么：揉成一团的卷子、皱巴巴的作业本、断了的铅笔、嚼过的口香糖？这不是书包，而是一个杂物袋。各科的课本、作业本、笔记本、文件夹应该分门别类摆放整齐，笔、橡皮、胶带这些容易丢的小东西应该装进铅笔盒或笔袋里。试着养成整理书包的好习惯。出门上学前，检查一下是否带全了：写完的作业、签了字的家长信、削好的铅笔；放学回家前也要再检查一遍。不要把你的作业、笔记本、学习用具、借书证落在学校！

做计划（第三步）

你有没有注意到，有些大人会随身携带着日程安排表或者在手机上安排日程？忙碌的人——不论是大人还是小孩儿——都需要借助工具和明确的计划表来帮助自己顺利完成工作。也许你在学习上已经有了规划。如果还没有，让家长帮你准备一个儿童版的日程安排表，

星期一：足球训练，语文作业

星期二：做手工，数学作业

这样你就可以随时查看自己每天的活动和任务了。或者你也可以自己动手画一个或用电脑制作一个月计划表或周计划表。每周的第一天，写下你每天放学后的安排，如体育运动、辅导班或娱乐的时间。要记得每天留出写作业的时间。你打算什么时候写作业？为自己安排一段完全不受打扰的时间，还是要把写作业的时间分成几段？让你的父母或老师给你些建议，帮你制订一个合理的作业时间表。

独立完成作业（第四步）

你不应该抄别人的作业，也不应该让父母帮你写作业。如果你和朋友们互相抄作业，问问自己为什么要这么做。你们觉得写作业太麻烦，还是不明白为什么要按时完成作业？你太

懒了？还是作业太难，弄不懂？还是时间不够用？抄别人的作业只能应付一时，但实际上你什么都没有学到。这样下去迟早会出问题。（例如，考试的时候，你什么都不记得了。）写作业时请教父母是件好事，但不能让他们替你完成大部分作业。否则，就算你完成了作业，你还是什么都没学到。如果你做作业时感觉困难重重，或者根本读不懂题目，又或者完全不想写，这时你可以跟父母或老师谈一谈。你可以这样说："我写作业时遇到一些困难，请你帮我找找原因好吗？"

在 学 校

放学后别急着走

放学前先弄清楚今天老师留了什么作业。

你把作业都记下来了吗？卷子和练习册都装好了吗？书带了吗？你知道交作业的时间吗？有需要长期完成的作业吗？离开学校前课细想一遍你都需要带什么。

利用空闲时间

　　如果你在学校有空闲时间，为什么不利用这段时间写作业呢？也许爸爸妈妈会提前半小

时送你到校，放学后晚半小时才接你回来。在这段时间里，你能找到地方写作业吗？

小提示：

利用课前时间写作业，不是让你拖到早晨才写作业。如果早晨的时间不够用，你就交不上作业了！你可以在早读时复习一下单词，或检查一下昨天晚上写的作业。

和老师谈一谈

要是你讨厌翻来覆去总练习那几道题，或者所有的作业你都会做，那就和老师谈一谈，看看能不能换一种让你更感兴趣的方式写作业。如果你觉得作业太多了，或者你不会做，那也和老师谈谈。老师会想到办法帮助你，因为老师布置作业的目的不是为了难倒学生，也不是为了让你痛苦，而是帮你掌握和巩固学到的知识。

悄 悄 话

写作业是掌握新知识的途径之一。通过写作业，你才能不断练习从而掌握更多知识。你可以把写作业当成在游泳池一趟一趟的练习游泳。你不会觉得游来游去有多大的乐趣，但你知道你只有这样做才能让自己变得更加熟练，游得更好。你付出的所有努力都会有回报的。

在 社 区

一对一辅导

你需要一对一的作业辅导吗？也许你家附近就有愿意为辅导你们的哥哥姐姐。让父母帮你打听打听。当然，你也可以辅导社区里年纪

比你小的孩子。

和朋友在一起

成立学习小组

如果你和朋友们很想一起努力学习，那就成立一个学习小组。首先列出一份名单，看看你最愿意和谁在一起学习。学习小组的人数不要多，最多三四个人。然后大家相约在你家或者朋友家一起写作业、讨论问题。你们也可以在当地的图书馆、社区中心一起学习。

选择一种方法，试一试，记录下过程和结果。你是否愿意再试试其他方法，确保你能完成作业并按时上交呢？

做作业的"妙招"（下）

吃完饭后，妈妈问他们俩："作业都写完了吗？"

"差不多了。"妮娜回答说。

"很好，你们都是好孩子。"

肯尼和妮娜互相对视了一下，但之后两人都移开了目光。妮娜"腾"地站起来说："妈妈，我帮你洗碗。"

妈妈说："谢谢宝贝。"

爸爸说："肯尼，你待会儿能来车库给我搭把手吗？"

"当然，我先上楼换一件干活穿的背心。"

不一会儿，妈妈、爸爸和妮娜听到肯尼在楼上大喊大叫："天啊！"只见肯尼跑下楼，手里拿着湿漉漉的英语作业本，说："你们看笨笨都干了什么！它碰倒了桌子上的水杯，我的作业白写了！"

妮娜叫起来："啊，那我该怎么办？"

爸爸问道："你说'我该怎么办'是什么意思？这是肯尼的作业，不是你的。"

妮娜一时语塞，说："哦，对。我想说，我为肯尼感到难过。"

妈妈问道："到底发生了什么事？"她看了一眼妮娜，又看了一眼肯尼。但他们俩都不敢抬头看她。

肯尼把作业本放在桌子上，用纸巾擦拭，本子变得很脏，一擦就破了。"该死的猫。"肯尼嘟囔道。

爸爸双臂交叉抱在胸前："我们等着听你们解释。"妮娜低着头看着自己的脚。

肯尼说："我看我们还是说了吧。"

妮娜承认道："我们互相抄作业。"

妈妈问："抄多久了？"妮娜和肯尼都耸了耸肩。

"有一阵了？"爸爸问道。

"是的。"他们同时回答。

爸爸叹了口气，说："好吧，在你们养成好的学习习惯之前就不要再玩游戏了。"

妈妈也表示同意："爸爸说的对。而且我们四个需要坐下来好好谈谈写作业的规矩，还有怎么做到诚实。"

妮娜小声问："你们真的生气了？"

爸爸说："你们做的事让我们很失望。"

这时，笨笨溜进厨房，来回蹭肯尼的腿。肯尼抱起它，妮娜挠着它的下巴。

妈妈说："但是这一次，我们可以原谅你们，就像你们原谅笨笨一样。"

关心学校

关心学校的老师和其他成年人，和他们的关系密切。

杰夫与新班级（上）

晚餐时间到了。

杰夫说："这是我吃过的最好的意大利面，爸爸！"

"谢谢！你喜欢就好。可以给我拿一块蒜蓉面包吗？"

"当然。对了，爸爸，我刚想起来，下周要去野外露营。家长信就在书包里。"

"好的，我给你签字。霍夫曼老师的课怎么样？"

"挺好的。"杰夫回答。

"只是挺好的？"

"嗯……当我承受不了时他就会帮我一把，比如他会让我到教室外面透口气。我觉得野外露营一定会很有意思。"

爸爸继续问："你和别的同学的关系还好吧？"

"嗯。"

"你好像不太肯定。你是不是觉得特殊教育班更适合你？如果上普通班不合适，我们可以随时回去。"

"不是你想的那样，爸爸。我只是想念利维茨老师，她总是无微不至地关照我。以前的班上学生不多，我们好像是一个大家庭……"

杰夫又添了一些酱汁。他爸爸一边把碗递给他，一边说："杰夫，我有一个想法。"

"什么想法？"

"我们可以请利维茨老师来家里吃饭。"

听到这个消息，杰夫差点儿噎住，说："你是说来咱们家？"

"当然了，不可以吗？"爸爸问。

"你觉得她会来吗？"

"问了才知道。"

杰夫笑着说："好，太好了！"

杰夫的爸爸希望杰夫和学校里的成年人的关系更加密切。

现在回想一下在学校里的生活。你和老师熟吗？你是否关心过学校里的助教、心理辅导员、行政人员和校工？你是否和其中一些人有着密切的关系呢？

如果回答是肯定的，那么你具备关心学校这一要素。请你继续读下去，学习如何巩固这种要素，把它发扬光大。

如果回答是否

你知道吗？ >>>

关心学校的孩子

· 在学校更快乐

· 学习更有动力

· 不易专横、使用暴力

定的，也请你继续读下去，学习如何获得这种能力。

你也可以用这些方法来帮助他人获得这种能力，比如你的家人、朋友、邻居和学校里的同学。

◀ 如何获得这种要素 ▶

在 家 里

和父母聊聊学校的成年人

你的父母可能知道你们老师的名字，也可能在家长会或学校其他的活动中见过你的老师。但你的父母了解校长吗？还有助教、主任、食堂人员、图书馆员、健身老师和教练、门卫、校车司机……（这份名单实在太长了！）这些人共同维持着学校的正常运转，每个人都很重要。所以，和父母聊起学校的时候，也说说这些人的事情，如果你知道他们的名字，可以告诉父母。如果你不知道他们的名字或不认识他们，那么就接着往下看吧。

记住特殊的日子

每逢节日、老师的生日，或是每学期的最后一天，你可以送老师一份礼物。你可以让父母带你去选一个小礼物，或者在家里亲手制作一个礼物。你不需要用很贵重的礼物打动老师。有时，一张暖心、真诚的卡片就足够了，在上

面写上一句："你是我最好的老师！" 这会是老师收到的最好的礼物。你也可以让父母在卡片上签上自己的名字或写上自己对老师的感谢与祝福。

另外，这样的卡片可以在任何时候送给老师，不一定等到特殊的日子。

列 名 单

列一份名单，写下那些了解学生、关心学生的成年人的名字以及他们关心学生的事例。例如：校车司机接送学生时和所有的孩子打招呼，你的教练让每个队员都有机会上场，老师总是想办法鼓励大家努力学习……你可以把这份名单给父母看，让他们帮你想想，你们该如何感谢名单上的这些人。

请老师来家里吃饭

这样做听起来虽然有些奇怪，但很多学生和家长请老师来家里吃顿便饭是为了让大家更好地了解对方。除了在学校，你还能在其他的地方见到老师，了解他的另一面，这是非常好玩的事情。你还能了解到你从来不知道的事情，例如：老师的家庭、宠物、爱好，在教学以外的生活。

怎样邀请

你想邀请老师吃饭，先要征得家长的同意。选一个大家都方便的时间。

你可以写一封邀请信，这样才不会漏掉重要的细节。你可以手写，也可以用电脑打印出来，或者买一张邀请卡，在空白的地方写上你想要写下的内容。你的邀请信可以这样写：

邀请 XX 老师与我们共进晚餐！

邀请人：爱丽丝和她的父母

时间：2 月 18 日，星期五下午七点

地点：我们家——波浪北街 359 号，8-B 公寓（如果需要了解具体路线，请打电话）

请打电话告诉我们您是否能来：555-2345

把邀请信给老师。

当老师打电话给你，答应你们的邀请时，你

要先问清老师有哪些东西不能吃或不爱吃。因为有些人对牛奶或花生过敏，有些人吃素，不吃肉；有些人不吃海鲜。提前了解老师的饮食习惯非常有用，这样，你的老师就可以开心地享受你们准备的晚餐了。

在学校

积极参加课外活动

你的学校里有老师带领的社团吗？美术社、英语社、数学社、戏剧社、志愿者社团……假如你的学校没有老师组织的社团，你也可以参加老师组织的课外活动。因为社团成员较少，参加课外活动的学生往往也不多，你更容易接触到负责带整个团队的成年人。

亲切友善

当你在操场、食堂或校车上看到老师或学校里的其他成年人时，朝他们微笑、招招手、问声好。他们会非常高兴，对你印象深刻。你可以利用课前、课后的时间跟老师聊天。该如何开启话题呢？很简单，问能引起他们兴趣的

问题。比如："您觉得上周日的比赛怎么样？""你看最新上映的电影了吗？""我

在您的办公桌上看到一张帆船的照片。您喜欢帆船吗？"

做个好听众

倾听不仅仅是用耳朵听，还要用心，要表现出你正在认真地听，你要看着对方的眼睛，微笑并点头。即使你想要回应他，也不要打断对方的话。

在 社 区

帮助年纪比你小的孩子

　　和社区里比你小的孩子聊一聊他们的学校和他们的老师。如果他们还不太了解自己的老师，你可以把一些你觉得有用的方法教给他们，比如看到老师要微笑着打招呼。

和朋友在一起

一起行动吧！

　　和朋友做个约定，要对所有学校里的成年人亲切友善。你们可以邀请最喜欢的老师和你在食堂一起吃饭，也可以放学后主动留下来帮忙打扫教室卫生，还可以利用课间的时间帮老师擦黑板、发作业等。

选择一种方法，试一试，记录下过程和结果。为了巩固这一要素，你是否愿意再试试其他方法，去了解老师和学校里的其他成年人呢？你要怎么表现出你关心他们呢？

杰夫与新班级（下）

星期五晚上，杰夫一直向窗外张望，等待着利维茨老师的车。当看到利维茨老师的车停下来，杰夫立刻冲出房门。他和爸爸并排站在一起，迎接利维茨老师。

利维茨老师微笑着说："你们好。"

杰夫的爸爸说："嗨，利维茨老师。很高兴再次见到您。"

杰夫说："请进。"他表现得彬彬有礼。

他们一起坐在客厅，杰夫的爸爸拿出一些饼干。

杰夫说："利维茨老师，希望您能喜欢今天的晚饭，这份菜单花费了我不少心思。"

利维茨老师说："是吗？杰夫，今晚的

菜单上有什么？"

"自制迷你比萨。您可以自己选择喜欢的食材：辣香肠、培根、菠萝、蘑菇、橄榄……什么都可以！哦，对了，还有沙拉。爸爸说我们还准备了一些粗粮。甜点是巧克力蛋糕。"

利维茨老师说："很好，这份菜单听起来很有创意，营养也很均衡。"

杰夫的爸爸说："您今天一定要多吃一些。现在我要下厨房了，我得准备一下比萨的配料。"

爸爸离开房间后，利维茨老师对杰夫说："我们班上的所有人都很想你。你是班上最会讲笑话的人。你在新的班级感觉怎么样？"

"还好吧。"

"霍夫曼老师还向我夸奖你呢。他说你非常努力地去结交新朋友。他还说你的阅读水平每天都在提高。我真为你感到自豪。"

杰夫笑了，轻声说："谢谢。霍夫曼老师真对您说过这些吗？"

"当然啦！"

"我以为他不会注意到这些事。"

"但他确实注意到了。"

杰夫想了想，说："也许下回我可以给他讲个笑话。"

"好主意，杰夫。"

他们都笑了起来。

喜欢阅读

喜欢看书，几乎每天都看，并从中获得乐趣。

阅读俱乐部（上）

珍妮看到桌子上的小零食，叫道："太棒了，这次的主题是动物！"

蒂姆笑着说："是啊，你看出来了？动物形状的饼干。让这些可爱的'小动物'陪伴我们读书吧。"

凯蒂是阅读俱乐部本期聚会的负责人。她宣布："大家都到齐了，我们开始吧。"

在蒂姆家的客厅里，俱乐部里的八个成员或坐在舒服的沙发上，或趴在地板上，手里各拿着一本《爱那只狗》。这本书是获奖作家莎伦·克里奇的作品。

阿尔伯托说："凯蒂，这是我读过的最悲惨的一本书。你为什么选这本书呢？你是想让大家痛哭一场吗？"

凯蒂说："我知道，我只是想换换口味。我们已经读过《哈利·波特》和《纳尼亚传奇》了。但是这本书里的故事是用诗来讲述的。"

肯尼说："我喜欢，因为它很短。"他的双胞胎姐姐妮娜转了转眼珠，说："肯尼只喜欢那种用一个小时就能看完的书。"

肯尼说："不，我是认真的。这本书用这么少的文字讲述了这么多的内容，它的语言多么简洁啊。"

伊莎贝拉说："我也同意。这本书其中的几页只有寥寥几行字，但这几行字却让你领悟到很多东西，让你感慨万千。"

玛雅打断他们的话，说："看这个。"她拿出她的小狗利比的照片。照片中利比戴着一

顶傻乎乎的帽子。他们一边笑，一边传阅照片。

玛雅说："我觉得这个故事里杰克的小狗'天空'的模样很像利比。"

珍妮捂住脸，伤心地说："唉，我一想起它就难过。我喜欢这本书，但是……谁能把纸巾递给我？"

凯蒂说："哇哦，我就知道，这本书选得不错！"

阅读俱乐部的八个成员都拥有喜欢阅读这个要素。

现在，想想你的日常生活。你能从阅读中获得乐趣并学到知识吗？你每天都会阅读吗？你会阅读小说、诗歌、漫画、杂志或报纸吗？

如果回答是肯定的，那么你具备喜欢阅读这一要素。请你继续读下去，学习如何巩固这种要素，把它发扬光大。

如果回答是否定的，也请你继续读下去，学习如何获得这种能力。

你也可以用这些方法来帮助他人获得这种能力，比如你的家人、朋友、邻居和学校里的同学。

你知道吗？ >>>

喜欢阅读的孩子

· 考试分数更高

· 善于自主学习

· 思维更活跃

◀ 如何获得这种要素 ▶

在家里

请别人为你读书

不管你的年纪多大，你都可以听别人给你讲故事。不信？瞧瞧那些听有声读物的大人吧！听别人读故事时，耳朵就代劳眼睛去"阅读"了。你可以躺着、闭上眼睛，放松下来，

让自己完全沉浸到故事里。如果父母提出要给你读书，立刻答应。为什么不主动找个大人给你读书呢？你可以这样说："奶奶，我们一起看这本书吧。"当家里的大人读杂志或报纸时，挨着他们坐下，顺便问问他们能帮你理清某篇文章的意思吗？

开辟一个读书角

能在一个安静、不被打扰的地方读书、翻杂志或连环画，那是一件多么惬意的事情啊！你喜欢去哪里看书呢？床上、舒服的沙发上、阳台上、图书馆里、小区的长椅上、树荫下或者是靠窗的座位？你想在哪里看书都行，不过，别忘了要在光线充足的地方看！

小提示： 看书时，你会碰上很多不认识的字词。不要跳过，利用这个机会弄懂它们的意思吧。问问大人这些字词怎么读，意思是什么。也可以自己查字典。你可以准备一个生字本，记下你学过的字词，写下它们的意思。要是你以后碰上了这些字词，你可以查找生词本。这样做还有助于提高你的听写成绩和阅读成绩。

做读书笔记

在笔记本上写下你读过的所有书的书名和作者，并写下书的简介。（别紧张，你不需要交给老师看！）你可以写写你的感想。你喜欢这本书吗？为什么喜欢？为什么不喜欢？有的人会一直

留着自己的读书笔记，时时翻阅。每本读过的书都是你的老朋友，向你把往事娓娓道来，帮助你忆起童年时光。

悄 悄 话

不是每个人爱读书，不是吗？你看这本书可能是因为有人（老师或父母）非要你看。可能你不太理解书里的意思，无法集中注意力。一页读下来，认识的字却没几个。也许你看书时感到很累，看书让你头疼。你的父母和老师也许已经知道你读书时遇到很多问题。如果他们还不知道，你一定要告诉他们，向他们求助解决这个问题对你来说至关紧要！如果你提高了阅读能力，你的学习成绩也会提高，也会在校内校外学到更多的东西。阅读的好处比你想象的要多！

爱护书籍

如果你的书是从朋友、家人、图书馆那里借来的，你一定要爱护这些书，不要把脏手印留在书上，不要把书页弄皱，不要把书摊开平放（书脊会因此弯曲、折断）。不读的时候，将书签夹在书页中间，不要弯折书角。最后一件重要的事——借来的书一定要按时归还。

在 学 校

利用碎片时间

在书包、课桌或储物柜里放一本书。利用在学校的空闲时间读书，例如上课前、等校车的时候、吃午餐前以及完成课堂作业后。不过，千万不要在上课的时候读课外书哦！

加入读书俱乐部

你们学校有读书俱乐部吗？如果有，就加入吧！如果没有，组织一个怎么样？你可以跟老师探讨一下怎么做。你们可以借用学校图书室或阅览室，选一个阅读主题，大家聚在一起读书。

多 沟 通

问问老师，在你这个年龄时，他们喜欢看什么书。也许你对这些书也感兴趣。之后你还可以和老师讨论一下书里的内容。你还可以在休息时问问同学都在读什么书。你还可以主动为低年级的学生读书。

在 社 区

去图书馆

让父母多带你去附近的图书馆，帮你办一张借书卡。有些家庭每周都会去图书馆，或每个月去两次。从图书馆

小提示： 如果你的父母工作太忙没有时间跟你一起去图书馆，那就问问他们能不能让其他人带你去。

借书要记得按时还书，逾期可能会罚款，你还可以用那里的电脑查阅资料，海量的图书、杂志、有声读物供你选择。有的图书馆还设有少儿阅览室或儿童阅读区。你可以到以前没去过的图书分区看一看。那儿有很多有趣的书，涵盖了丰富的主题——世界名画、名胜古迹、神奇的车辆、神秘的热带雨林……多留意图书馆的公告栏，上面会有儿童读书俱乐部或者其他有趣活动的通知。

认识图书管理员

图书管理员非常了解图书和作者。他们之所以能成为图书管理员，是因为他们对图书很有兴趣。你可以问图书管理员："我想找一本关于喜马拉雅山的书"或"我想找一本有趣的

诗歌集",他们都能帮你找到。如果你能认识几个图书管理员,他们会更加了解你,知道你喜欢看什么类型的书。当你每次来图书馆时,他们会更好地帮助你。如果你正在为小论文搜集资料,或对各类图书的摆放位置不太了解,你同样可以寻求图书馆员的帮助。

多去书店

没准你家附近就有一个儿童书店或童书馆。如果真的有,那么你很幸运。儿童书店会为不同年龄段的孩子安排"故事时间",举办作者签售会,开设不同主题的课堂。如果你家附近没有专为儿童开设的书店,普通书店也有很多儿童书籍,也会邀请作者为孩子们朗读或签名。有些书店甚至会提供饮料,你可以一边听音乐，一边喝着热巧克力，一边看书。

和朋友在一起

和朋友聊聊书

　　互相鼓励对方养成读书的好习惯。跟朋友讨论一下你们喜欢的书。打扮成书中你最喜欢的主人公的样子，演一演故事里的情节。如果

你听说某一本儿童故事书被拍成电影了，你跟朋友们可以先读一下原著，然后再一起去看电影。看完电影后，谈一谈你们更喜欢原著还是电影？

互相分享

当朋友向你借书时，你需要记下书名跟借书人，这样才不会忘记。你也可以自己制作或订制有自己名字的藏书印，盖在书里的空白处。

和朋友们分享你的书有很多乐趣。比如：你和朋友读完一本书之后，可以分享各自的读后感。你们可以聊聊自己喜欢或讨厌的人物、最精彩的片段以及你最想成为书里的哪个人物。

选择一种方法，试一试，记录下过程和结果。为了巩固这一要素，你是否愿意再试试其他方法，让读书成为你生活中更重要的一部分呢？

阅读俱乐部（下）

阿尔伯托说："你们知道吗？我因为《爱那只狗》这本书认识了沃尔特·迪恩·迈尔斯。他是我最崇拜的英雄！"

伊莎贝拉问："你都知道他哪些事情？"

"他是个著名作家，写了大量的书籍和诗歌，得了很多奖。而且他走访过很多所学校，跟孩子们聊天，就像书中讲的杰克和'天空'

一样。"

蒂姆说："是的。我也听说过他，因为我姐姐读过他写的《怪物》。我觉得他的文字非常有内涵。我也不知道该怎样形容他的书。"

阿尔伯托继续说："他的成长经历非常坎坷，他在纽约一个贫民窟的家庭里长大。最奇特的事情是，他上学时各方面表现都不好，但是后来却没有对他产生太坏的影响。当时他在演讲方面的问题特别严重，因为大家都听不懂他的发音。但是他说是阅读拯救了他。"

凯蒂说："我觉得很多扎在书堆里长大的孩子在内心深处都想成为一个作家。"

阿尔伯托点头表示同意："我就想成为沃尔特·迪恩·迈尔斯。"

蒂姆说："我想做 J.K. 罗琳（《哈利波特》

的作者）。"

肯尼笑着问："你想变成女的？"

蒂姆说："哈哈，别瞎说，我不是这个意思。我只是想写出几本畅销书，成为亿万富翁。"

妮娜大笑着说："好呀，有一天，我们俱乐部成员都会成为你的粉丝。"

写给大人的话

美国一家非营利组织"探索研究院"做了一项广泛深入的调查。调查结果表明，所有健康成长的孩子都具备所谓的"成长要素"。"成长要素"有以下几类：支持要素、环境赋予能力要素、边界与期望要素、合理利用时间要素、学习承诺要素、价值观要素、社会能力要素、积极的自我认识要素。

本书以及其他七本，构成《成长的要素》系列丛书，帮助少年儿童自觉在生活中学习、培养这些帮助他们顺利成长的要素。但是我们应当明白，培养这些要素需要我们大人的帮助和配合。在生活中，孩子最需要的是父母、家人、老师以及关心爱护他们的人。好好听孩子说话；

记住他们的名字；了解他们的生活；为孩子们提供发挥潜能的机会；在他们摔倒时伸出援手；提供保护，使他们免受伤害。这些都是孩子们需要的。

基于"探索研究院"的研究结果，本套书总结了孩子健康成长所需要的三十九种成长要素。本书讲了这三十九种要素中的五种，统称为学习承诺要素。拥有学习承诺要素的孩子，会珍惜校内校外一切学习机会，乐于学习新事物，培养学习的能力。这对于孩子们现在和将来的成功至关重要。

当我们大人和孩子在一起的时候，我们有意无意都在教他们一些事情。我们对周围的一切感到好奇，还是漠不关心？我们是善于接纳意见，还是固执己见？我们常对孩子说，学习充满了乐趣，还是说学习是件不得不做的苦差事？我们过度重视分数，还是强调做人才是第一位？我们是否有时间读书？如果我们总把学习当成终身的习惯，一定能给孩子们树立最好的榜样。

书后的附录中列出了这三十九种成长要素，并有简单的介绍。

感谢您这样的有心人，使本书能够到达孩子或与他们有关的成年人手中。我们期待着孩子们能更加顺利地成长。并且欢迎您提出建议，帮助修订本书，使它更丰富，更适于应用。

帕米拉·埃斯普兰德

伊丽莎白·弗迪克

促进八至十二岁儿童身心健康发展的三十九种要素（即成长的要素）

外在要素

支持要素

1. 家庭支持——在家中，家人支持你、爱你。

2. 积极的家庭交流——你能和父母轻松愉悦地交谈，会自然而然地征求他们的意见。

3. 其他成年人的支持——家长以外的成年人会帮助你、支持你。

4. 邻里关怀——你的邻居认识你、关心你。

5. 校园关爱——在学校，你与老师、同学相处融洽，常常彼此关心，彼此鼓励。

6. 家长参与学校活动——父母积极参与学校活动，帮助你取得好成绩。

环境赋予能力要素

7. 受到重视——身边的大人愿意重视你，倾听你，赞赏你。

8. 参与决策——无论是在家里还是在其他场合，你都能参与决策，发表意见。

9. 服务他人——家庭、校园、社区为你提供帮助身边的人的机会。

10. 安全意识——在家庭、校园、社区中，你有安全感，会注意个人安全，并求助大人维持这些地方的安全。

边界与期望要素

11. 家庭边界——家里有明确且固定的规定，如果你违反了规定，就要承担一定的后果。

12. 学校边界——学校有明确的规定，如果你违反规定就会受到相应的惩罚。

13. 邻里边界——你的邻居会关照社区里的

孩子。

14. 成人榜样——你的父母和你认识的其他成年人做事积极、负责任，为你树立了很好的榜样。

15. 同龄人的积极影响——你的好朋友做事积极、负责任，对你产生了正面影响。

16. 高期望——父母和老师希望你在学校和其他活动中表现出自己最好的一面。

合理利用时间要素

17. 培养爱好——参加美术、音乐、戏剧或文学创作等活动。

18. 参加课外活动——参加校内或校外专为少年儿童组织的课外活动。

19. 安排家庭时间——每天留出一段时间与家人一起做一些有趣的事情，而不是独自看电视、玩电脑。

内在要素

学习承诺要素

20. 成就动机——希望在学校里取得好成绩，并为此努力学习。

21. 学习投入——不论在校内还是校外，你都乐于了解新的事物，主动学习。

22. 完成作业——能按时、独立完成作业。

23. 关心学校——关心学校的老师和其他成年人，和他们关系密切。

24. 喜欢阅读——喜欢看书，几乎每天都看，并从中获得乐趣。

价值观要素

25. 关心他人——经常关心、问候他人，主动为他人提供帮助。

26. 追求平等——提倡人人平等，不欺凌弱小。

27. 坚守信念 —— 拥有自己的准则并坚持到底。

28. 诚实守信 —— 说真话，不说谎，言行一致。

29. 有责任感 —— 对自己的行为负责，不找借口，不推卸责任。

30. 有健康意识 —— 讲卫生、爱整洁、经常锻炼身体，养成健康的生活习惯。

社会能力要素

31. 计划与决策的能力 —— 能认真思考做出选择，懂得事先制订计划，对自己的决定感到满意。

32. 人际交往能力 —— 喜欢交友，能关心他人和他们的感受；在烦恼和生气的时候，能让自己平静下来。

33. 认同多元文化的能力 —— 理解不同民族、不同文化背景的人，能与他们和谐相处。认同自己的文化，并为之自豪。

34. 拒绝的能力 —— 远离可能带来麻烦的人，拒绝做危险或错误的事。

35. 和平解决冲突的能力 —— 不使用尖刻的话语和武力，和平解决冲突。

积极的自我认识要素

36. 控制力 —— 有一定能力去控制生活中发生的事情。

37. 自尊心 —— 认可自己，尊重自己，为自己感到骄傲。

38. 价值感 —— 会思考生活的意义、生命的价值，为未来定下目标。

39. 正能量 —— 对自己的现在和未来充满希望。

成长的要素培养计划

　　读完本书，请认真想一想，你要怎样在生活中培养这些要素呢？写下你的计划吧！

《成长的要素》丛书简介

关心你的人

    帮助孩子们建立起六种支持要素：家庭支持、积极的家庭交流、与其他成年人的支持、邻里关怀、校园关爱、家长参与学校活动。

积极行动　勿忘安全

    帮助孩子们建立起四种环境赋予能力要素：受到重视、参与决策、服务他人、安全意识。

不跨边界　追求卓越

    帮助孩子们建立起六种边界与期望要素：家庭边界、学校边界、邻里边界、成人榜样、同龄人的积极影响、高期望。

善用时间

    帮助孩子们建立起三种合理利用时间要素：培养爱好、参加课外活动、安排家庭时间。

爱学习　会学习

帮助孩子们建立起五种学习承诺要素：成就动机、学习投入、完成作业、关心学校、喜欢阅读。

明辨是非

帮助孩子们建立起六种价值观要素：关心他人、追求平等、坚守信念、诚实守信、有责任感、有健康意识。

做对选择　交对朋友

帮助孩子们建立起五种社会能力要素：计划与决策的能力、人际交往能力、认同多元文化的能力、拒绝的能力、和平解决冲突的能力。

为自己而骄傲

帮助孩子们建立起四种积极的自我认识要素：控制力、自尊心、价值感、正能量。

图书在版编目（CIP）数据

爱学习　会学习／（美）帕米拉·埃斯普兰德，（美）伊丽莎白·弗迪克著；汪小英译. — 石家庄：河北少年儿童出版社，2018.10
（成长的要素）
ISBN 978-7-5595-1750-0

Ⅰ．①爱… Ⅱ．①帕… ②伊… ③汪… Ⅲ．①学习方法－少儿读物 Ⅳ．① G791-49

中国版本图书馆 CIP 数据核字（2018）第 209520 号

著作权合同登记号　冀图登字：03-2017-034

成长的要素

爱学习　会学习　AI XUEXI HUI XUEXI

[美]帕米拉·埃斯普兰德　　[美]伊丽莎白·弗迪克　著　汪小英　译

策　划	段建军　李雪峰　赵玲玲		版权引进	梁　容	
责任编辑	李　璇		特约编辑	梁　容	
美术编辑	牛亚卓		装帧设计	杨　元	

出　版	河北出版传媒集团　河北少年儿童出版社
	（石家庄市中华南大街 172 号　邮政编码：050051）
发　行	全国新华书店
印　刷	北京启航东方印刷有限公司
开　本	787mm×1092mm　1/32
印　张	4.25
版　次	2018 年 10 月第 1 版
印　次	2018 年 10 月第 1 次印刷
书　号	ISBN 978-7-5595-1750-0
定　价	20.00 元